Europäische Kommission

Delegierte Verordnung (EU) Nr. 149/2013 der Kommission vom 19. Dezember 2012

zur Ergänzung der Verordnung (EU) Nr. 648/2012 des Europäischen Parlaments und des Rates im Hinblick auf technische Regulierungsstandards für indirekte [...]

AP
Antiphon Verlag

Europäische Kommission

Delegierte Verordnung (EU) Nr. 149/2013 der Kommission vom 19. Dezember 2012

zur Ergänzung der Verordnung (EU) Nr. 648/2012 des Europäischen Parlaments und des Rates im Hinblick auf technische Regulierungsstandards für indirekte [...]

1. Auflage 2026 | ISBN: 978-3-38798-695-2

Antiphon Verlag ist ein Imprint der Antiquum Novum Verlag.

Verlag: Antiquum Novum Verlag UG (haftungsbeschränkt), Im Erlengrund 6a, 35510 Butzbach, Deutschland, info@antiquum-novum.de
Vertretungsberechtigt: E. Roepke, Zeilweg 44, 60439 Frankfurt, Deutschland
Druck: Libri Plureos GmbH, Friedensallee 273, 22763 Hamburg, Deutschland

DELEGIERTE VERORDNUNG (EU) Nr. 149/2013 DER KOMMISSION

vom 19. Dezember 2012

zur Ergänzung der Verordnung (EU) Nr. 648/2012 des Europäischen Parlaments und des Rates im Hinblick auf technische Regulierungsstandards für indirekte Clearingvereinbarungen, die Clearingpflicht, das öffentliche Register, den Zugang zu einem Handelsplatz, nichtfinanzielle Gegenparteien und Risikominderungstechniken für nicht durch eine CCP geclearte OTC-Derivatekontrakte

(Text von Bedeutung für den EWR)

DIE EUROPÄISCHE KOMMISSION —

gestützt auf den Vertrag über die Arbeitsweise der Europäischen Union,

nach Stellungnahme der Europäischen Zentralbank ([1]),

gestützt auf die Verordnung (EU) Nr. 648/2012 des Europäischen Parlaments und des Rates vom 4. Juli 2012 über OTC-Derivate, zentrale Gegenparteien und Transaktionsregister ([2]), insbesondere auf Artikel 4 Absatz 4, Artikel 5 Absatz 1, Artikel 6 Absatz 4, Artikel 8 Absatz 5, Artikel 10 Absatz 4 und Artikel 11 Absatz 14,

in Erwägung nachstehender Gründe:

(1) Es sollte ein Rahmen festgelegt werden, der Regeln für die Clearingpflicht, deren Anwendung, mögliche Freistellungen und die Risikominderungstechniken umfasst, für die gesorgt werden muss, wenn ein Clearing über eine zentrale Gegenpartei (CCP) nicht möglich ist. Um zwischen diesen Bestimmungen, die gleichzeitig in Kraft treten sollten, Kohärenz zu gewährleisten und den Beteiligten, insbesondere jenen, die den entsprechenden Verpflichtungen unterliegen, einen umfassenden Überblick über diese Bestimmungen und einen effizienten Zugang dazu zu erleichtern, ist es wünschenswert, dass die meisten nach Titel II der Verordnung (EU) Nr. 648/2012 erforderlichen technischen Regulierungsstandards in einer einzigen Verordnung zusammengefasst werden.

(2) In Anbetracht der Globalität des Markts für OTC-Derivate (OTC: over the counter) sollte diese Verordnung den einschlägigen international vereinbarten Leitlinien und Empfehlungen zu Reformen der OTC-Derivatemärkte und zur Clearingpflicht sowie den diesbezüglichen Vorschriften anderer Rechtsräume Rechnung tragen. So trägt insbesondere der Rahmen für die Festlegung einer Clearingpflicht den von der Internationalen Organisation der Wertpapieraufsichtsbehörden (International Organization of Securities Commissions) veröffentlichten „Mandatory Clearing Requirements" Rechnung. Dadurch wird die Konvergenz mit dem Vorgehen in anderen Rechtsräumen so weit wie möglich unterstützt.

(3) Um eine begrenzte Zahl aus der Verordnung (EU) Nr. 648/2012 stammender Konzepte unmissverständlich zu klären und für die Ausarbeitung dieses technischen Standards notwendige Fachbegriffe festzulegen, sollte eine Reihe von Begriffen definiert werden.

(4) Eine indirekte Clearing-Vereinbarung sollte kein zusätzliches Gegenparteirisiko für eine CCP, ein Clearingmitglied, einen Kunden oder einen indirekten Kunden verursachen, und die Vermögenswerte und Positionen indirekter Kunden sollten angemessenen Schutz genießen. Daher ist es unerlässlich, dass jede Art von indirekter Clearingvereinbarung Mindestbedingungen erfüllt, die ihre Sicherheit gewährleisten. Zu diesem Zweck werden den an indirekten Clearingvereinbarungen beteiligten Parteien besondere Pflichten auferlegt. Derartige Vereinbarungen reichen über die Vertragsbeziehung zwischen indirekten Kunden und dem Kunden eines Clearingmitglieds, der indirekte Clearingdienste erbringt, hinaus.

(5) Nach der Verordnung (EU) Nr. 648/2012 muss eine CCP als System im Sinne der Richtlinie 98/26/EG des Europäischen Parlaments und des Rates vom 19. Mai 1998 über die Wirksamkeit von Abrechnungen in Zahlungs- sowie Wertpapierliefer- und -abrechnungssystemen ([3]) gemeldet sein. Dies bedeutet, dass Clearingmitglieder von CCPs als Teilnehmer im Sinne der genannten Richtlinie qualifiziert sein sollten. Um für indirekte Kunden einen gleichwertigen Schutz zu gewährleisten, wie ihn Kunden im Rahmen der Verordnung (EU) Nr. 648/2012 genießen, muss daher sichergestellt werden, dass es sich bei Kunden, die indirekte Clearingdienste erbringen, um Kreditinstitute, Wertpapierfirmen oder gleichwertige Kreditinstitute bzw. Wertpapierfirmen aus Drittstaaten handelt.

(6) Um sicherzustellen, dass indirekte Kunden in einem Ausfallszenario einen gleichwertigen Schutz erhalten können wie direkte Kunden, sollten indirekte Clearingvereinbarungen getroffen werden. Nach dem Ausfall eines Clearingmitglieds, das eine indirekte Clearingvereinbarung ermöglicht, sollten indirekte Kunden in die Übertragung von Kundenpositionen auf ein anderes Clearingmitglied im Rahmen der Übertragbarkeitsanforderungen der Artikel 39 und 48 der Verordnung (EU) Nr. 648/2012 einbezogen werden. Angemessene Absicherungen gegen einen Kundenausfall sollten auch bei indirekten Clearingvereinbarungen vorgesehen werden und sollten die Übertragung von Positionen indirekter Kunden auf einen anderen Anbieter von Clearingdiensten unterstützen.

([1]) Noch nicht im Amtsblatt veröffentlicht.
([2]) ABl. L 201 vom 27.7.2012, S. 1.
([3]) ABl. L 166 vom 11.6.1998, S. 45.

(7) Da aus indirekten Clearingvereinbarung spezifische Risiken erwachsen können, sollten alle an einer indirekten Clearingvereinbarung beteiligten Parteien, einschließlich Clearingmitglieder und CCPs etwaige aus der Vereinbarung erwachsende wesentliche Risiken routinemäßig ermitteln, überwachen und steuern. Besonders wichtig ist in diesem Zusammenhang ein angemessener Informationsaustausch zwischen Kunden, die indirekte Clearingdienste erbringen, und Clearingmitgliedern, die diese Dienste ermöglichen. Clearingmitglieder sollten die von Kunden übermittelten Informationen ausschließlich für Risikomanagement-Zwecke nutzen und einem Missbrauch geschäftssensibler Informationen vorbeugen, auch indem zwischen verschiedenen Einheiten eines Finanzinstituts wirksame Barrieren errichtet werden, um Interessenkonflikte zu vermeiden.

(8) Wenn die zuständige Behörde eine CCP für das Clearing einer OTC-Derivatekategorie zulässt, hat sie die Europäische Wertpapieraufsichtsbehörde (ESMA) zu benachrichtigen. Diese Benachrichtigung sollte unter anderem ausführliche Informationen enthalten, die die ESMA für ihre Bewertung benötigt, einschließlich Informationen über die Liquidität und das Volumen der betreffenden Kategorie von OTC-Derivaten. Auch wenn die Informationen von der zuständigen Behörde an die ESMA fließen, sollten die erforderlichen Informationen zuerst von der CCP, die die Zulassung beantragt hat, an die zuständigen Behörden übermittelt werden, die diese Informationen sodann ergänzen können.

(9) Auch wenn die Informationen, die die Mitteilung der zuständigen Behörde an die ESMA für die Anwendung der Clearingpflicht enthalten sollte, insbesondere bei neuen Produkten nicht immer alle verfügbar sein mögen, sollten zur Verfügung stehende Schätzungen doch übermittelt werden, wobei unmissverständlich auf die getroffenen Annahmen hingewiesen werden sollte. Die Mitteilung sollte auch Informationen zu den Gegenparteien enthalten, wie Art und Zahl der Gegenparteien, erforderliche Vorgehensweise zur Aufnahme des Clearings über eine CCP, rechtliche und operationelle Kapazitäten der CCP oder Rahmen für das Risikomanagement der CCP, damit die ESMA beurteilen kann, ob die aktiven Gegenparteien die Clearingpflicht einhalten können, ohne dass am Markt Verwerfungen auftreten.

(10) Die Mitteilung der zuständigen Behörde an die ESMA sollte Informationen über den Grad der Standardisierung, die Liquidität und die Verfügbarkeit von Preisinformationen enthalten, damit die ESMA beurteilen kann, ob eine Kategorie von OTC-Derivaten der Clearingpflicht unterliegen sollte. Die Kriterien in Bezug auf die Standardisierung der Vertragsbedingungen und operativen Prozesse bei der betreffenden Kategorie von OTC-Derivaten sind ein Hinweis auf die Standardisierung der wirtschaftlichen Bedingungen einer Kategorie von OTC-Derivaten, da sich Vertragsbedingungen und operative Prozesse nur standardisieren lassen, wenn die wirtschaftlichen Bedingungen standardisiert sind. Die Kriterien in Bezug auf die Liquidität und die Preisverfügbarkeit werden von der ESMA nach anderen Erwägungen bewertet als von der zuständigen Behörde bei der Zulassung der CCP. Die Liquidität wird in diesem Zusammenhang in einer umfassenderen Perspektive bewertet und entspricht nicht der Liquidität nach Wirksamwerden der Clearingpflicht. Insbesondere bedeutet die Tatsache, dass ein Kontrakt für ein Clearing über eine CCP hinreichend liquide ist, nicht notwendigerweise, dass er clearingpflichtig werden sollte. Die Bewertung der ESMA sollte keine Nachahmung oder Wiederholung der bereits von der zuständigen Behörde durchgeführten Prüfung sein.

(11) Die von der zuständigen Behörde für die Zwecke der Clearingpflicht zu übermittelnden Informationen sollten die ESMA in die Lage versetzen, die Verfügbarkeit von Preisinformationen zu bewerten. Dass eine CCP zu einem bestimmten Zeitpunkt Zugang zu Preisinformationen hat, bedeutet hierbei nicht, dass Marktteilnehmer auch künftig auf Preisinformationen zugreifen können. Folglich bedeutet die Tatsache, dass eine CCP Zugang zu den Preisinformationen hat, die für das Management der mit dem Clearing von Derivatekontrakten in einer bestimmten OTC-Derivatekategorie verbundenen Risiken benötigt werden, nicht automatisch, dass diese Kategorie von OTC-Derivaten der Clearingpflicht unterliegen sollte.

(12) Die Ausführlichkeit der im Register der clearingpflichtigen OTC-Derivatekategorien verfügbaren Informationen hängt von der Relevanz dieser Informationen für die Identifizierung der einzelnen Kategorien von OTC-Derivatekontrakten ab. Infolgedessen kann die Ausführlichkeit der im Register enthaltenen Informationen zwischen den verschiedenen Kategorien von OTC-Derivatekontrakten variieren.

(13) Wird mehreren CCPs der Zugang zu einem Handelsplatz gestattet, könnte dies den Teilnehmerzugang zu diesem Handelsplatz erweitern und so die Gesamtliquidität erhöhen. Gleichwohl ist es unter solchen Umständen notwendig, das Konzept der Liquiditätsfragmentierung innerhalb eines Handelsplatzes näher zu bestimmen, falls diese die reibungslose und geordnete Funktionsweise der Märkte für die Kategorie von Finanzinstrumenten, für die der Antrag gestellt wird, gefährden könnte.

(14) Die Bewertung der zuständigen Behörde des Handelsplatzes, zu dem eine CCP den Zugang beantragt hat, und der für die CCP zuständigen Behörde sollte auf den Mechanismen basieren, die zur Verhinderung einer Liquiditätsfragmentierung innerhalb eines Handelsplatzes zur Verfügung stehen.

(15) Um eine Fragmentierung der Liquidität zu verhindern, sollten sämtliche Teilnehmer an einem Handelsplatz die Möglichkeit haben, alle zwischen ihnen ausführten Geschäfte gegeneinander aufzurechnen. Allerdings wäre es unverhältnismäßig zu verlangen, dass alle Clearingmitglieder einer bestehenden CCP auch Clearingmitglieder jeder neuen CCP werden, die den betreffenden Handelsplatz bedient. Gibt es Einrichtungen, die Clearingmitglieder beider CCPs sind, so können sie die Übertragung und das Clearing von Geschäften, die von Marktteilnehmern

ausgeführt werden, welche von den beiden CCPs separat bedient werden, erleichtern, um das Risiko einer Liquiditätsfragmentierung einzudämmen. Gleichwohl ist es wichtig, dass ein Antrag einer CCP auf Zugang zu einem Handelsplatz die Liquidität nicht in einer Weise fragmentiert, dass sich die Risiken für die bestehende CCP erhöhen.

(16) Gemäß Artikel 8 Absatz 4 der Verordnung (EU) Nr. 648/2012 sollte ein Antrag einer CCP auf Zugang zu einem Handelsplatz keine Interoperabilität voraussetzen, und folglich sollte diese Verordnung Interoperabilität nicht als einzigen Lösungsweg für die Liquiditätsfragmentierung vorschreiben. Allerdings sollte diese Verordnung CCPs auch nicht daran hindern, eine solche Vereinbarung auf freiwilliger Basis zu schließen, wenn die notwendigen Voraussetzungen für ihre Einrichtung erfüllt sind.

(17) Um festzustellen, welche OTC-Derivate objektiv messbar zur Reduzierung der Risiken beitragen, die unmittelbar mit der Geschäftstätigkeit oder dem Liquiditäts- und Finanzmanagement verbunden sind, sollten nichtfinanzielle Gegenparteien eines der in dieser Verordnung festgelegten Kriterien heranziehen, einschließlich der auf den Vorschriften der International Financial Reporting Standards (IFRS) basierenden Rechnungslegungsdefinition. Die Rechnungslegungsdefinition kann von Gegenparteien auch dann herangezogen werden, wenn sie die IFRS nicht anwenden. Bei nichtfinanziellen Gegenparteien, die möglicherweise lokale Rechnungslegungsvorschriften anwenden, wird davon ausgegangen, dass die meisten nach solchen lokalen Rechnungslegungsvorschriften als Hedging-Geschäft eingestuften Kontrakte unter die in dieser Verordnung enthaltene allgemeine Definition von Kontrakten fallen, die objektiv messbar zur Reduzierung der unmittelbar mit der Geschäftstätigkeit oder dem Liquiditäts- und Finanzmanagement verbundenen Risiken beitragen.

(18) Unter gewissen Umständen kann es unmöglich sein, ein Risiko mit einem unmittelbar verbundenen Derivatekontrakt abzusichern, einem Kontrakt mit genau demselben Basiswert und Abwicklungsdatum wie das abgesicherte Risiko. In einem solchen Fall kann die nichtfinanzielle Gegenpartei auf Proxy Hedging mit einem eng korrelierten Instrument zurückgreifen, um ihre Risikoposition zu decken, etwa einem Instrument mit einem anderen, aber vom wirtschaftlichen Verhalten her sehr ähnlichen Basiswert. Außerdem können bestimmte Gruppen nichtfinanzieller Gegenparteien, die OTC-Derivatekontrakte über ein einziges Unternehmen schließen, um ihr Risiko in Bezug auf die Gesamtrisiken der Gruppe abzudecken, auf Makro- oder Portfolio-Hedging zurückgreifen. Diese im Rahmen von Makro-, Portfolio- oder Proxy-Hedging geschlossenen OTC-Derivatekontrakte können für die Zwecke dieser Verordnung Hedging-Geschäfte darstellen und sollten nach den Kriterien betrachtet werden, anhand deren festgestellt wird, welche OTC-Derivatekontrakte Risiken objektiv reduzieren.

(19) Ein Risiko kann sich mit der Zeit verändern, und zur Anpassung an die Veränderung des Risikos kann es erforderlich werden, OTC-Derivatekontrakte, die ursprünglich zur Verringerung der mit der Geschäftstätigkeit oder dem Liquiditäts- und Finanzmanagement verbundenen Risiken ausgeführt wurden, durch Einsatz weiterer OTC-Derivatekontrakte auszugleichen. Infolgedessen kann die Absicherung eines Risikos mit einer Kombination aus OTC-Derivatekontrakten erfolgen, die auch OTC-Derivate-Gegenkontrakte zur Glattstellung von OTC-Derivatekontrakten beinhaltet, die keinen Bezug mehr zum Risiko aus der Geschäftstätigkeit oder dem Liquiditäts- und Finanzmanagement aufweisen.

(20) Das Spektrum der unmittelbar mit der Geschäftstätigkeit oder dem Liquiditäts- und Finanzmanagement in Zusammenhang stehenden Risiken ist überaus breit und je nach Wirtschaftszweig unterschiedlich. Risiken im Zusammenhang mit der Geschäftstätigkeit erwachsen in der Regel aus den Einsatzgrößen der Produktionsfunktion eines Unternehmens sowie den Produkten und Dienstleistungen, die es verkauft bzw. erbringt. Das Liquiditäts- und Finanzmanagement betrifft in der Regel die Handhabung der kurz- und langfristigen Finanzierung eines Unternehmens, einschließlich seiner Schulden, und die Art und Weise, wie es die erwirtschafteten oder gehaltenen Finanzmittel anlegt, einschließlich der Gelddisposition. Liquiditäts- und Finanzmanagement sowie Geschäftstätigkeit können durch gemeinsame Risikofaktoren beeinflusst werden, wie Devisenkurse, Rohstoffpreise, Inflation oder Kreditrisiko. Da OTC-Derivate zur Absicherung eines bestimmten Risikos geschlossen werden, sollten diese Risiken bei der Analyse der unmittelbar mit der Geschäftstätigkeit oder dem Liquiditäts- und Finanzmanagement zusammenhängenden Risiken auf kohärente Weise so definiert werden, dass beide Tätigkeiten erfasst werden. Außerdem könnte eine Trennung der beiden Begriffe unbeabsichtigte Folgen haben, da ein bestimmtes Risiko je nach dem Zweig, in dem die nichtfinanziellen Gegenparteien tätig sind, entweder im Rahmen des Liquiditäts- und Finanzmanagements oder im Rahmen der Geschäftstätigkeit abgesichert würde.

(21) Zwar sollten die Clearingschwellen unter Berücksichtigung der Systemrelevanz der zugehörigen Risiken festgelegt werden, doch ist auch wichtig zu berücksichtigen, dass die OTC-Derivate, die zu einer Verringerung von Risiken führen, nicht in die Berechnung der Clearingschwellen einbezogen werden, und dass die Clearingschwellen eine Ausnahme von der grundsätzlichen Clearingpflicht für OTC-Derivatekontrakte gestatten, die als nicht für Sicherungszwecke geschlossen angesehen werden können. So sollte insbesondere der Wert der Clearingschwellen in regelmäßigen Abständen überprüft und nach Kategorien von OTC-Derivatekontrakten festgelegt werden. Für die Zwecke der Clearingschwellen können andere Kategorien von OTC-Derivaten festgelegt werden als für die Zwecke der Clearingpflicht. Bei der Festlegung des Werts der Clearingschwellen sollte der Notwendigkeit

Rechnung getragen werden, einen einheitlichen Indikator zu definieren, der die Systemrelevanz der Summe aller Nettopositionen und -forderungen je Gegenpartei und Kategorie von OTC-Derivatekontrakten widerspiegelt. Außerdem sollten die von nichtfinanziellen Gegenparteien angewandten Clearingschwellen einfach umzusetzen sein.

(22) Gemäß der Verordnung (EU) Nr. 648/2012 sollte bei der Festlegung des Werts der Clearingschwellen die Systemrelevanz der Summe aller Nettopositionen und -forderungen je Gegenpartei und Kategorie von OTC-Derivaten berücksichtigt werden. Allerdings sollte bedacht werden, dass diese Nettopositionen und -forderungen nicht mit einer gegenpartei- und vermögenskategorieübergreifenden Nettoforderung gleichzusetzen sind. Außerdem sollten diese Nettopositionen gemäß der Verordnung (EU) Nr. 648/2012 summiert werden, um festzustellen, welche Daten für die Festlegung der Clearingschwellen heranzuziehen sind. Bei der Festlegung der Clearingschwellen sollte die Bruttogesamtsumme herangezogen werden, die sich aus der Summierung dieser Nettopositionen ergibt. Als Bezugsgrundlage für die Festlegung der Clearingschwellen sollte der Bruttonennwert herangezogen werden, der sich aus dieser Summierung ergibt.

(23) Hinzu kommt, dass die Struktur des OTC-Derivategeschäfts nichtfinanzieller Gegenparteien in der Regel nur in geringem Maße zu Netting führt, da die OTC-Derivatekontrakte in derselben Richtung abgeschlossen werden. Infolgedessen läge die Differenz zwischen der Summe der Nettopositionen und -forderungen je Gegenpartei und je Kategorie von OTC-Derivaten sehr nahe am Bruttowert der Kontrakte. Aus diesem Grund und um die angestrebte Einfachheit zu erreichen, sollte der Bruttowert der OTC-Derivatekontrakte als gültiger Näherungswert des Maßstabs herangezogen werden, der bei der Festlegung der Clearingschwelle zu berücksichtigen ist.

(24) Da nichtfinanzielle Unternehmen, die die Clearingschwelle nicht überschreiten, ihre OTC-Derivatekontrakte nicht zu Marktpreisen bewerten müssen, wäre es nicht sinnvoll, diesen Maßstab zur Festlegung der Clearingschwellen heranzuziehen, da dies eine hohe Belastung für nichtfinanzielle Gegenparteien mit sich bringen würde, die in keinem angemessenem Verhältnis zum angesprochenen Risiko stünde. Stattdessen würde die Heranziehung des Nennwerts von OTC-Derivatekontrakten einen einfachen, von externen Ereignissen unabhängigen Ansatz für nichtfinanzielle Unternehmen ermöglichen.

(25) Die Überschreitung eines der für eine Kategorie von OTC-Derivaten festgelegten Werte sollte für alle Kategorien die Überschreitung der Clearingschwelle auslösen, da risikoreduzierende OTC-Derivatekontrakte nicht in die Berechnung der Clearingschwelle einbezogen werden, die Folgen einer Überschreitung der Clearingschwelle nicht nur die Clearingpflicht betreffen, sondern auch die Risikominderungstechniken, und der auf nichtfinanzielle Gegenparteien angewandte Ansatz für die einschlägigen Verpflichtungen im Rahmen der Verordnung (EU) Nr. 648/2012 angesichts der Einfachheit der meisten dieser Gegenparteien ebenfalls einfach sein sollte.

(26) Bei OTC-Derivatekontrakten, die nicht gecleart werden, sollten Risikominderungstechniken wie die rechtzeitige Bestätigung Anwendung finden. Bei der Bestätigung von OTC-Derivatekontrakten kann auf eine oder mehrere Rahmenvereinbarungen, Bestätigungsrahmenvereinbarungen oder sonstige Standardbedingungen Bezug genommen werden. Sie kann in Form eines elektronisch ausgeführten Kontrakts oder eines von beiden Gegenparteien unterzeichneten Dokuments erfolgen.

(27) Es ist von zentraler Bedeutung, dass Gegenparteien die Konditionen ihrer Transaktionen so früh wie möglich nach der Geschäftsausführung bestätigen, insbesondere wenn die Transaktion elektronisch ausgeführt oder verarbeitet wird, um sicherzustellen, dass hinsichtlich der Bedingungen der Transaktion Einverständnis und Rechtssicherheit herrschen. Insbesondere Gegenparteien, die nicht standardmäßige oder komplexe OTC-Derivatekontrakte schließen, müssen möglicherweise Anwendungen einführen, um die Pflicht zur rechtzeitigen Bestätigung ihrer OTC-Derivatekontrakte einhalten zu können. Die rechtzeitige Bestätigung würde auch die Entwicklung entsprechender Marktpraktiken in diesem Bereich antizipieren.

(28) Zur weiteren Risikominderung ermöglicht der Portfolioabgleich jeder Gegenpartei, eine umfassende Prüfung des Transaktionsportfolios aus Sicht ihrer Gegenpartei durchzuführen, damit etwaige Missverständnisse über zentrale Geschäftsbedingungen umgehend erkannt werden. Diese Bedingungen sollten auch die Bewertung jeder einzelnen Transaktion und können auch weitere relevante Einzelheiten beinhalten, wie das Datum des Wirksamwerdens, das geplante Fälligkeitsdatum, Zahlungs- oder Abwicklungstermine, den Nennwert des Kontrakts und die Währung der Transaktion, den Basiswert, die Position der Gegenparteien, die Geschäftstagekonvention und etwaige relevante feste oder variable Zinssätze des OTC-Derivatekontrakts.

(29) In Anbetracht der unterschiedlichen Risikoprofile und im Sinne der Verhältnismäßigkeit des Portfolioabgleichs als Risikominderungstechnik sollten Abgleichfrequenz und Umfang des zu prüfenden Portfolios je nach Art der Gegenpartei unterschiedlich sein. Sowohl für finanzielle als auch nichtfinanzielle Gegenparteien, die die Clearingschwelle überschreiten, sollten strengere Anforderungen gelten, während eine niedrigere Abgleichfrequenz für nichtfinanzielle Gegenparteien gelten sollte, die die Clearingschwelle unabhängig von der Kategoriezugehörigkeit ihrer Gegenpartei, die für diesen Teil ihres Portfolios dann ebenfalls diese niedrigere Abgleichfrequenz in Anspruch nehmen könnte, nicht überschreiten würden.

(30) Auch die Portfoliokomprimierung kann je nach den Umständen, wie Umfang des Portfolios gegenüber einer Gegenpartei, Laufzeit, Zweck und Standardisierungsgrad von OTC-Derivatekontrakten, ein effizientes Mittel der Risikominderung sein. Finanzielle und nichtfinanzielle Gegenparteien mit einem nicht über eine CCP geclearten Portfolio von OTC-Derivatekontrakten, das die in dieser Verordnung festgelegte Höhe übersteigt, sollten Verfahren eingerichtet haben, mit denen sie analysieren können, ob sie ihr Gegenparteiausfallrisiko durch eine Portfoliokomprimierung verringern könnten.

(31) Die Streitbeilegung zielt darauf ab, Risiken aus nicht zentral geclearten Kontrakten zu mindern. Wenn Gegenparteien Geschäfte über OTC-Derivate miteinander schließen, sollten sie zuvor einen Rahmen für die Beilegung etwaiger Streitigkeiten vereinbart haben. Der Rahmen sollte auf Streitbeilegungsmechanismen wie Schiedsverfahren oder Marktbefragungen Bezug nehmen. Mit dem Rahmen soll verhindert werden, dass ungelöste Streitigkeiten eskalieren und den Gegenparteien daraus zusätzliche Risiken erwachsen. Streitigkeiten sollten festgestellt, beigelegt und angemessen offengelegt werden.

(32) Um festzulegen, unter welchen Marktbedingungen eine Bewertung zu Marktpreisen nicht möglich ist, muss präzisiert werden, was unter inaktiven Märkten zu verstehen ist. Ein Markt kann aus mehreren Gründen inaktiv sein, unter anderem wenn nicht regelmäßig Marktgeschäfte unter marktüblichen Bedingungen stattfinden, wobei der Begriff marktübliche Bedingungen im Sinne der Rechnungslegungsvorschriften verstanden werden sollte.

(33) Diese Verordnung gilt für finanzielle Gegenparteien und nichtfinanzielle Gegenparteien oberhalb der Clearingschwelle und trägt der Richtlinie 2006/49/EG des Europäischen Parlaments und des Rates vom 14. Juni 2006 über die angemessene Eigenkapitalausstattung von Wertpapierfirmen und Kreditinstituten (1) Rechnung, die auch Vorgaben für die Bewertung nach Modellpreisen enthält.

(34) Auch wenn das für die Bewertung nach Modellpreisen verwendete Modell intern oder extern entwickelt werden kann, trägt das Leitungsorgan oder der vom Leitungsorgan beauftragte Ausschuss die Verantwortung für die Genehmigung des Modells, damit eine angemessene Rechenschaftspflicht gewährleistet ist.

(35) Wenn Gegenparteien im Anschluss an ihre Mitteilung an die zuständigen Behörden die Freistellung gruppeninterner Geschäfte anwenden können, ohne die Frist für Einwände der betreffenden zuständigen Behörden abzuwarten, muss sichergestellt sein, dass die zuständigen Behörden rechtzeitig geeignete und ausreichende Informationen erhalten, um beurteilen zu können, ob sie Einwände gegen die Inanspruchnahme der Freistellung erheben sollten.

(36) Umfang, Volumen und Häufigkeit gruppeninterner OTC-Derivatekontrakte, die zu erwarten sind, können ausgehend von den historischen gruppeninternen Transaktionen der Gegenparteien sowie dem antizipierten Modell und der für die Zukunft erwarteten Aktivität ermittelt werden.

(37) Wenden Gegenparteien die Freistellung gruppeninterner Geschäfte an, sollten sie entsprechende Informationen veröffentlichen, um in Bezug auf Marktteilnehmer und potenzielle Gläubiger Transparenz zu gewährleisten. Besonders wichtig ist dies für die potenziellen Gläubiger der Gegenparteien im Hinblick auf die Bewertung der Risiken. Die Veröffentlichung zielt darauf ab, der Fehleinschätzung vorzubeugen, dass OTC-Derivatekontrakte zentral gecleart werden oder Risikominderungstechniken unterliegen, wenn dies nicht der Fall ist.

(38) Der Zeitrahmen für die rechtzeitige Bestätigung erfordert Anpassungsanstrengungen einschließlich einer Veränderung von Marktpraktiken und eines Ausbaus der IT-Systeme. Da das Anpassungstempo zur Einhaltung der Vorschriften je nach Kategorie der Gegenparteien und OTC-Derivate unterschiedlich sein kann, würde die Festlegung eines progressiven Geltungsbeginns, der diesen Unterschieden Rechnung trägt, eine Verbesserung des Zeitrahmens für die Bestätigung bei Gegenparteien und Produkten ermöglichen, die möglicherweise schon eher umstellungsbereit sind.

(39) Die für Portfolioabgleich, Portfoliokomprimierung und Streitbeilegung festgelegten Standards würden erfordern, dass die Gegenparteien Verfahren, Strategien und Prozesse einrichten und Änderungen an der Dokumentation vornehmen, was Zeit in Anspruch nehmen würde. Das Inkrafttreten der diesbezüglichen Anforderungen sollte zurückgestellt werden, damit die Gegenparteien Zeit haben, die zur Einhaltung der Vorgaben erforderlichen Schritte zu unternehmen.

(40) Diese Verordnung stützt sich auf den Entwurf technischer Regulierungsstandards, der der Kommission von der Europäischen Wertpapier- und Marktaufsichtsbehörde vorgelegt wurde.

(1) ABl. L 177 vom 30.6.2006, S. 201.

(41) Gemäß Artikel 10 der Verordnung (EU) Nr. 1095/2010 des Europäischen Parlaments und Rates [1] hat die ESMA offene öffentliche Konsultationen zu dem Entwurf technischer Regulierungsstandards durchgeführt, die damit verbundenen potenziellen Kosten- und Nutzeneffekte analysiert und die Stellungnahme der nach Artikel 37 der Verordnung (EU) Nr. 1095/2010 eingesetzten Interessengruppe Wertpapiere und Wertpapiermärkte eingeholt —

HAT FOLGENDE VERORDNUNG ERLASSEN:

KAPITEL I

ALLGEMEINES

Artikel 1

Begriffsbestimmungen

Für die Zwecke dieser Verordnung gelten folgende Begriffsbestimmungen:

a) „indirekter Kunde": Kunde eines Kunden eines Clearingmitglieds;

b) „indirekte Clearingvereinbarung": Gesamtheit der Vertragsbeziehungen zwischen der zentralen Gegenpartei (CCP), dem Clearingmitglied, dem Kunden eines Clearingmitglieds und dem indirekten Kunden, die es dem Kunden eines Clearingmitglieds ermöglichen, Clearingdienste für einen indirekten Kunden zu erbringen;

c) „Bestätigung": Dokumentation der Zustimmung der Gegenparteien zu sämtlichen Bedingungen eines OTC-Derivatekontrakts (OTC: over the counter).

KAPITEL II

INDIREKTE CLEARINGVEREINBARUNGEN

(Artikel 4 Absatz 4 der Verordnung (EU) Nr. 648/2012)

Artikel 2

Struktur indirekter Clearingvereinbarungen

(1) Ist ein Clearingmitglied bereit, indirektes Clearing zu ermöglichen, wird jedem Kunden dieses Clearingmitglieds gestattet, indirekte Clearingdienste für einen oder mehreren seiner eigenen Kunden zu erbringen, sofern es sich bei dem Kunden des Clearingmitglieds um ein zugelassenes Kreditinstitut, eine zugelassene Wertpapierfirma oder ein gleichwertiges Kreditinstitut bzw. eine gleichwertige Wertpapierfirma aus einem Drittstaat handelt.

(2) Die Vertragsbedingungen einer indirekten Clearing-Vereinbarungen werden zwischen dem Kunden eines Clearingmitglieds und dem indirekten Kunden nach Absprache mit dem Clearingmitglied über die Aspekte, die Einfluss auf die Geschäftstätigkeit des Clearingmitglieds haben können, vereinbart. Sie umfassen vertragliche Auflagen für den Kunden, alle Verpflichtungen des indirekten Kunden gegenüber dem Clearingmitglied zu erfüllen. Diese Auflagen beziehen sich nur auf die Transaktionen im Rahmen der indirekten Clearingvereinbarung, deren Geltungsumfang in den vereinbarten Kontrakten unmissverständlich dokumentiert wird.

[1] ABl. L 331 vom 15.12.2010, S. 84.

Artikel 3

Pflichten der CCPs

(1) Indirekte Clearingvereinbarungen unterliegen keinen Geschäftspraktiken der CCP, die als Hemmnis für die Schließung solcher Vereinbarungen zu handelsüblichen Bedingungen wirken. Auf Antrag eines Clearingmitglieds führt die CCP getrennte Aufzeichnungen und Abrechnungskonten, die jedem Kunden die Möglichkeit geben, auf den bei der CCP geführten Konten seine eigenen Vermögenswerte und Positionen von den für Rechnung seiner indirekten Kunden geführten Vermögenswerten und Positionen zu unterscheiden.

(2) Eine CCP ermittelt, überwacht und steuert alle wesentlichen Risiken, die aus indirekten Clearingvereinbarungen erwachsen und die Belastbarkeit der CCP beeinträchtigen könnten.

Artikel 4

Pflichten der Clearingmitglieder

(1) Ein Clearingmitglied, das anbietet, indirekte Clearingdienste zu ermöglichen, tut dies zu handelsüblichen Bedingungen. Unbeschadet der Vertraulichkeit der vertraglichen Vereinbarungen mit einzelnen Kunden veröffentlicht das Clearingmitglied die allgemeinen Konditionen, zu denen es bereit ist, indirekte Clearingdienste zu ermöglichen. Diese Konditionen können auch operationelle Mindestanforderungen an Kunden vorsehen, die indirekt Clearingdienste erbringen.

(2) Wenn ein Clearingmitglied indirekte Clearingvereinbarungen ermöglicht, führt es nach den Vorgaben des Kunden eine der folgenden Abgrenzungsmaßnahmen durch:

a) Führung getrennter Aufzeichnungen und Abrechnungskonten, die jedem Kunden die Möglichkeit geben, auf Konten beim Clearingmitglied geführte eigene Vermögenswerte und Positionen von den für Rechnung seiner indirekten Kunden geführten Vermögenswerten und Positionen zu unterscheiden,

b) Führung getrennter Aufzeichnungen und Abrechnungskonten, die jedem Kunden die Möglichkeit geben, auf Konten beim Clearingmitglied für Rechnung eines indirekten Kunden geführte Vermögenswerte und Positionen von den für Rechnung anderer indirekter Kunden geführten Vermögenswerten und Positionen zu unterscheiden.

(3) Die Anforderung, dass die beim Clearingmitglied geführten Vermögenswerte und Positionen zu unterscheiden sind, gilt als erfüllt, wenn die Bedingungen des Artikels 39 Absatz 9 der Verordnung (EU) Nr. 648/2012 erfüllt sind.

(4) Ein Clearingmitglied richtet solide Verfahren für den Umgang mit dem Ausfall eines Kunden ein, der indirekte Clearingdienste erbringt. Diese Verfahren beinhalten einen glaubwürdigen Mechanismus für die Übertragung der Positionen und Vermögenswerte auf einen anderen Kunden oder ein anderes Clearingmitglied vorbehaltlich der Zustimmung der betroffenen indirekten Kunden. Ein Kunde oder Clearingmitglied ist nicht verpflichtet, diese Positionen zu akzeptieren, es sei denn, seine vertragliche Zustimmung wurde zuvor erteilt.

(5) Das Clearingmitglied stellt außerdem sicher, dass seine Verfahren die umgehende Liquidierung der Vermögenswerte und Positionen indirekter Kunden und die Zahlung aller den indirekten Kunden nach dem Ausfall des Kunden geschuldeten Beträge durch das Clearingmitglied ermöglichen.

(6) Ein Clearingmitglied ermittelt, überwacht und steuert alle Risiken, die aus der Ermöglichung indirekter Clearingvereinbarungen erwachsen, unter anderem durch Nutzung der von Kunden gemäß Artikel 4 Absatz 3 übermittelten Informationen. Das Clearingmitglied richtet solide interne Verfahren ein, um sicherzustellen, dass diese Informationen nicht für kommerzielle Zwecke genutzt werden können.

Artikel 5

Pflichten der Kunden

(1) Ein Kunde, der indirekte Clearingdienste erbringt, führt getrennte Aufzeichnungen und Abrechnungskonten, die ihm die Möglichkeit geben, zwischen seinen eigenen Vermögenswerten und Positionen und den für Rechnung indirekter Kunden geführten Vermögenswerten und Positionen zu unterscheiden. Er lässt seinen indirekten Kunden die Wahl zwischen den beiden in Artikel 4 Absatz 2 vorgesehenen Optionen für die Kontentrennung und stellt sicher, dass die indirekten Kunden vollumfänglich über die Risiken jeder einzelnen Option informiert sind. Die Informationen, die der Kunde den indirekten Kunden erteilt, umfassen auch die Einzelheiten der Vereinbarungen für die Übertragung von Positionen und Konten auf einen anderen Kunden.

(2) Ein Kunde, der indirekte Clearingdienste erbringt, fordert das Clearingmitglied auf, ein getrenntes Abrechnungskonto bei der CCP einzurichten. Dieses Konto dient ausschließlich der Führung der Vermögenswerte und Positionen seiner indirekten Kunden.

(3) Ein Kunde versorgt das Clearingmitglied mit ausreichenden Informationen für die Ermittlung, Überwachung und Steuerung von Risiken, die aus der Ermöglichung indirekter Clearingvereinbarungen erwachsen können. Bei Ausfall des Kunden werden sämtliche Informationen, über die der Kunde in Bezug auf seine indirekten Kunden verfügt, umgehend dem Clearingmitglied zur Verfügung gestellt.

KAPITEL III

MITTEILUNG AN DIE ESMA FÜR DIE ZWECKE DER CLEARINGPFLICHT

(Artikel 5 Absatz 1 der Verordnung (EU) Nr. 648/2012)

Artikel 6

Angaben, die in der Mitteilung enthalten sein müssen

(1) Die Mitteilung für die Zwecke der Clearingpflicht enthält folgende Angaben:

a) Identifikation der Kategorie von OTC-Derivatekontrakten;

b) Identifikation der OTC-Derivatekontrakte innerhalb der Kategorie von OTC-Derivatekontrakten;

c) sonstige Angaben, die nach Artikel 8 in das öffentliche Register aufzunehmen sind;

d) etwaige weitere Merkmale, die erforderlich sind, um OTC-Derivatekontrakte innerhalb der Kategorie von OTC-Derivatekontrakten von OTC-Derivatekontrakten außerhalb dieser Kategorie zu unterscheiden;

e) Belege für den Grad der Standardisierung der Vertragsbedingungen und operativen Prozesse bei der betreffenden Kategorie von OTC-Derivatekontrakten;

f) Daten zum Volumen der Kategorie von OTC-Derivatekontrakten;

g) Daten zur Liquidität der Kategorie von OTC-Derivatekontrakten;

h) Belege dafür, dass den Marktteilnehmern für Kontrakte in der Kategorie von OTC-Derivatekontrakten faire, zuverlässige und allgemein akzeptierte Preisinformationen zur Verfügung stehen;

i) Belege für die Auswirkungen der Clearingpflicht auf die Verfügbarkeit von Preisinformationen für die Marktteilnehmer.

(2) Für die Zwecke der Bewertung des Zeitpunkts bzw. der Zeitpunkte für das Wirksamwerden der Clearingpflicht, einschließlich einer etwaigen schrittweisen Umsetzung, und der Kategorien von Gegenparteien, für die die Clearingpflicht gilt, enthält die Mitteilung für die Zwecke der Clearingpflicht Folgendes:

a) relevante Daten zur Einschätzung des zu erwartenden Volumens der Kategorie von OTC-Derivatekontrakten, wenn diese clearingpflichtig wird;

b) Nachweis der Fähigkeit der CCP, das zu erwartende Volumen der Kategorie von OTC-Derivatekontrakten, wenn diese clearingpflichtig wird, zu bewältigen und das Risiko zu steuern, das mit dem Clearing der betreffenden Kategorie von OTC-Derivatekontrakten, auch über Clearing-Vereinbarungen mit Kunden oder indirekten Kunden, verbunden ist;

c) Art und Zahl der Gegenparteien, die am Markt für die betreffende Kategorie von OTC-Derivatekontrakten aktiv sind oder voraussichtlich aktiv werden, wenn diese clearingpflichtig wird;

d) Überblick über die verschiedenen Aufgaben, die ausgeführt werden müssen, um mit dem Clearing über eine CCP beginnen zu können, unter Angabe der für jede einzelne Aufgabe benötigten Zeit;

e) Informationen über die Risikomanagement-, rechtlichen und operationellen Kapazitäten der Gegenparteien, die am Markt für die betreffende Kategorie von OTC-Derivatekontrakten aktiv sind, wenn diese clearingpflichtig wird.

(3) Die Daten zu Volumen und Liquidität umfassen für die betreffende Kategorie von OTC-Derivatekontrakten und für jeden Derivatekontrakt innerhalb dieser Kategorie relevante Marktinformationen, einschließlich historischer Daten, aktueller Daten sowie jeglicher Veränderung, die bei Einführung der Clearingpflicht für die betreffende Kategorie von OTC-Derivatekontrakten erwartet wird, einschließlich

a) Zahl der Geschäfte;

b) Gesamtvolumen;

c) offene Kontraktposition insgesamt;

d) Tiefe der Order einschließlich der durchschnittlichen Zahl der Order und Notierungsanträge;

e) Enge der Spreads;

f) Messgrößen der Liquidität unter Stressbedingungen am Markt;

g) Messgrößen der Liquidität für die Durchführung von Ausfall-Verfahren.

(4) Die Informationen zum Grad der Standardisierung der Vertragsbedingungen und operativen Prozesse bei der betreffenden Kategorie von OTC-Derivatekontrakten im Sinne von Absatz 1 Buchstabe e umfassen für die Kategorie von OTC-Derivatekontrakten und für jeden Derivatekontrakt innerhalb der Kategorie Daten zum täglichen Referenzpreis sowie zur Anzahl der Tage im Jahr mit einem Referenzpreis, den sie bei Betrachtung mindestens der letzten zwölf Monate für verlässlich hält.

KAPITEL IV

KRITERIEN FÜR DIE FESTLEGUNG DER CLEARINGPFLICHTIGEN KATEGORIEN VON OTC-DERIVATEKONTRAKTEN

(Artikel 5 Absatz 4 der Verordnung (EU) Nr. 648/2012)

Artikel 7

Von der ESMA zu prüfende Kriterien

(1) In Bezug auf den Grad der Standardisierung der Vertragsbedingungen und operativen Prozesse bei der betreffenden Kategorie von OTC-Derivaten berücksichtigt die Europäische Wertpapier- und Marktaufsichtsbehörde (ESMA)

a) ob die Vertragsbedingungen der betreffenden Kategorie von OTC-Derivatekontrakten gebräuchliche Rechtsdokumente, unter anderem Netting-Rahmenvereinbarungen, Definitionen, Standardbedingungen und -bestätigungen beinhalten, in denen von Gegenparteien üblicherweise verwendete Kontraktspezifikationen ausgeführt werden;

b) ob die operativen Prozesse der betreffenden Kategorie von OTC-Derivatekontrakten einer automatisierten Nachhandelsverarbeitung und Lebenszyklusereignissen unterliegen, die nach einem zwischen den Gegenparteien allgemein vereinbarten Zeitplan auf einheitliche Weise gehandhabt werden.

(2) In Bezug auf das Volumen und die Liquidität der jeweiligen Kategorie von OTC-Derivaten berücksichtigt die ESMA

a) ob die Margen oder Finanzierungsanforderungen der CCP in angemessenem Verhältnis zu dem Risiko stünden, das mit der Clearingpflicht gemindert werden soll;

b) die langfristige Stabilität der Größe und Tiefe des Markts in Bezug auf das Produkt;

c) die Wahrscheinlichkeit, dass die Marktdispersion bei Ausfall eines Clearingmitglieds weiterhin ausreichend wäre;

d) die Anzahl und den Wert der Geschäfte.

(3) In Bezug auf die Verfügbarkeit fairer, zuverlässiger und allgemein akzeptierter Preisbildungsinformationen in der jeweiligen Kategorie von OTC-Derivaten berücksichtigt die ESMA, ob die Informationen, die für die richtige Bepreisung der zu der betreffenden Kategorie von OTC-Derivaten gehörenden Kontrakte erforderlich sind, für die Marktteilnehmer ohne weiteres zu handelsüblichen Bedingungen verfügbar sind und ob sie weiterhin ohne weiteres verfügbar wären, wenn die betreffende Kategorie von OTC-Derivaten clearingpflichtig würde.

KAPITEL V

ÖFFENTLICHES REGISTER

(Artikel 6 Absatz 4 der Verordnung (EU) Nr. 648/2012)

Artikel 8

In das ESMA-Register aufzunehmende Angaben

(1) Das öffentliche Register der ESMA enthält für jede clearingpflichtige Kategorie von OTC-Derivatekontrakten folgende Angaben:

a) Vermögenswertkategorie der OTC-Derivatekontrakte;

b) Art der OTC-Derivatekontrakte innerhalb dieser Kategorie;

c) Basiswerte der OTC-Derivatekontrakte innerhalb dieser Kategorie;

d) bei Basiswerten, die Finanzinstrumente sind, Angabe, ob es sich beim Basiswert um ein einziges Finanzinstrument bzw. einen einzigen Emittenten oder um einen Index bzw. ein Portfolio handelt;

e) bei sonstigen Basiswerten Angabe der Kategorie des Basiswerts;

f) Nenn- und Abwicklungswährungen der OTC-Derivatekontrakte innerhalb der Kategorie;

g) Laufzeitenspektrum der OTC-Derivatekontrakte innerhalb der Kategorie;

h) Abwicklungsbedingungen der OTC-Derivatekontrakte innerhalb der Kategorie;

i) Zahlungsfrequenzspektrum der OTC-Derivatekontrakte innerhalb der Kategorie;

j) Produktkennziffer (Product Identifier) der betreffenden Kategorie von OTC-Derivatekontrakten;

k) alle anderen Merkmale, die erforderlich sind, um in der betreffenden Kategorie von OTC-Derivatekontrakten einen Kontrakt vom anderen zu unterscheiden.

(2) In Bezug auf CCPs, die für die Zwecke der Clearingpflicht zugelassen oder anerkannt sind, enthält das öffentliche Register der ESMA für jede CCP folgende Angaben:

a) Kennziffer gemäß Artikel 3 der Durchführungsverordnung (EU) Nr. 1247/2012 der Kommission [1];

b) vollständiger Name;

c) Land der Niederlassung;

d) gemäß Artikel 22 der Verordnung (EU) Nr. 648/2012 benannte zuständige Behörde.

(3) In Bezug auf den Zeitpunkt, ab dem die Clearingpflicht wirksam wird, einschließlich einer etwaigen schrittweisen Umsetzung, enthält das öffentliche Register der ESMA folgende Angaben:

a) Identifikation der Kategorien von Gegenparteien, für die die bei einer schrittweisen Umsetzung greifenden Übergangsphasen gelten;

b) alle sonstigen Bedingungen, die nach den gemäß Artikel 5 Absatz 2 der Verordnung (EU) Nr. 648/2012 erlassenen technischen Regulierungsstandards erfüllt sein müssen, damit die betreffende Übergangsphase wirksam wird.

(4) Das öffentliche Register der ESMA enthält eine Bezugnahme auf die gemäß Artikel 5 Absatz 2 der Verordnung (EU) Nr. 648/2012 erlassenen technischen Regulierungsstandards, auf deren Grundlage die Clearingpflicht im Einzelfall eingeführt wurde.

(5) In Bezug auf die CCP, die der ESMA von der zuständigen Behörde gemeldet wurde, enthält das öffentliche Register der ESMA mindestens folgende Angaben:

a) Identifikation der CCP;

b) Vermögenswertkategorie der gemeldeten OTC-Derivatekontrakte;

c) Art der OTC-Derivatekontrakte;

d) Datum der Meldung;

e) Identifikation der meldenden zuständigen Behörde.

KAPITEL VI

FRAGMENTIERUNG DER LIQUIDITÄT

(Artikel 8 Absatz 5 der Verordnung (EU) Nr. 648/2012)

Artikel 9

Nähere Bestimmung des Konzepts der Fragmentierung der Liquidität

(1) Eine Fragmentierung der Liquidität gilt als gegeben, wenn die Teilnehmer an einem Handelsplatz ein Geschäft mit einem oder mehreren anderen Teilnehmern an diesem Handelsplatz nicht abschließen können, weil keine Clearingvereinbarungen vorhanden sind, zu der alle Teilnehmer Zugang haben.

(2) Der Zugang einer CCP zu einem Handelsplatz, der bereits von einer anderen CCP bedient wird, gilt als nicht zu einer Fragmentierung der Liquidität an diesem Handelsplatz führend, wenn allen Teilnehmern an diesem Handelsplatz — ohne dass die Clearingmitglieder der eingesessenen CCP verpflichtet werden müssen, Clearingmitglieder der antragstellenden CCP zu werden — das Clearing direkt oder indirekt über einen der folgenden Wege möglich ist:

a) mindestens eine gemeinsame CCP;

b) von den CCPs eingerichtete Clearingvereinbarungen.

(3) Die Vorkehrungen zur Erfüllung der in Absatz 2 Buchstaben a oder b genannten Bedingungen werden getroffen, bevor die antragstellende CCP mit der Erbringung von Clearingdiensten für den betreffenden Handelsplatz beginnt.

(4) Der Zugang zu einer gemeinsamen CCP im Sinne von Absatz 2 Buchstabe a kann durch zwei oder mehr Clearingmitglieder, zwei oder mehr Kunden oder durch indirekte Clearingvereinbarungen hergestellt werden.

(1) ABl. L 352 vom 21.12.2012 S. 20.

(5) Clearingvereinbarungen im Sinne von Absatz 2 Buchstabe b können die Übertragung der von den betreffenden Marktteilnehmern ausgeführten Transaktionen auf Clearingmitglieder anderer CCPs vorsehen. Auch wenn der Zugang einer CCP zu einem Handelsplatz keine Interoperabilität voraussetzen sollte, kann die Anforderung des Zugangs zu gemeinsamen Clearingvereinbarungen durch eine von den betreffenden CCPs geschlossene und von den jeweils zuständigen Behörden genehmigte Interoperabilitätsvereinbarung erfüllt werden.

KAPITEL VII

NICHTFINANZIELLE GEGENPARTEIEN

Artikel 10

(Artikel 10 Absatz 4 Buchstabe a der Verordnung (EU) Nr. 648/2012)

Kriterien, anhand derer festgestellt wird, welche OTC-Derivatekontrakte objektiv zur Reduzierung der Risiken beitragen

(1) Ein OTC-Derivatekontrakt trägt objektiv messbar zur Reduzierung der Risiken bei, die unmittelbar mit der Geschäftstätigkeit oder dem Liquiditäts- und Finanzmanagement der nichtfinanziellen Gegenpartei oder Gruppe verbunden sind, wenn er für sich genommen oder in Kombination mit anderen Derivatekontrakten, direkt oder über eng korrelierte Instrumente, eines der folgenden Kriterien erfüllt:

a) Er deckt die Risiken einer potenziellen Veränderungen des Werts der Vermögenswerte, Dienstleistungen, Einsatzgüter, Produkte, Rohstoffe oder Verbindlichkeiten ab, die die nichtfinanzielle Gegenpartei oder deren Gruppe besitzt, erzeugt, herstellt, verarbeitet, erbringt, erwirbt, im Rahmen von Merchandising vermarktet, (ver)least, verkauft oder eingeht oder bei normalem Verlauf ihrer Geschäftstätigkeit nach vernünftigem Ermessen zu besitzen, zu erzeugen, herzustellen, zu verarbeiten, zu erbringen, zu erwerben, im Rahmen von Merchandising zu vermarkten, zu (ver)leasen, zu verkaufen oder einzugehen erwarten kann;

b) er deckt die Risiken der potenziellen indirekten Auswirkungen einer Schwankung der Zinssätze, Inflationsraten, Devisenkurse oder Kreditrisiken auf den Wert der unter Buchstabe a genannten Vermögenswerte, Dienstleistungen, Einsatzgüter, Produkte, Rohstoffe oder Verbindlichkeiten ab;

c) er gilt als Sicherungsgeschäft im Sinne der gemäß Artikel 3 der Verordnung (EG) Nr. 1606/2002 des Europäischen Parlaments und des Rates [1] übernommenen „International Financial Reporting Standards“ (IFRS).

Artikel 11

(Artikel 10 Absatz 4 Buchstabe b der Verordnung (EU) Nr. 648/2012)

Clearingschwellen

Für die Zwecke der Clearingpflicht gelten für die Clearingschwellen folgende Werte:

a) für OTC-Kreditderivatekontrakte ein Bruttonennwert von 1 Mrd. EUR;

b) für OTC-Aktienderivatekontrakte ein Bruttonennwert von 1 Mrd. EUR;

c) für OTC-Zinsderivatekontrakte ein Bruttonennwert von 3 Mrd. EUR;

d) für OTC-Devisenderivatekontrakte ein Bruttonennwert von 3 Mrd. EUR;

e) für OTC-Warenderivatekontrakte und andere, unter den Buchstaben a bis d nicht vorgesehene OTC-Derivatekontrakte ein Bruttonennwert von 3 Mrd. EUR.

KAPITEL VIII

RISIKOMINDERUNGSTECHNIKEN FÜR OTC-DERIVATEKONTRAKTE, DIE NICHT DURCH EINE CCP GECLEART WERDEN

Artikel 12

(Artikel 11 Absatz 14 Buchstabe a der Verordnung (EU) Nr. 648/2012)

Rechtzeitige Bestätigung

(1) Ein OTC-Derivatekontrakt, der zwischen finanziellen Gegenparteien oder nichtfinanziellen Gegenparteien im Sinne des Artikels 10 der Verordnung (EU) Nr. 648/2012 geschlossen und nicht durch eine CCP gecleart wird, wird, soweit verfügbar auf elektronischem Wege, so früh wie möglich bestätigt, spätestens jedoch

a) im Falle von Credit Default Swaps und Zinsswaps, die bis einschließlich 28. Februar 2014 geschlossen werden, bis zum Ende des zweiten auf das Datum der Ausführung des OTC-Derivatekontrakts folgenden Geschäftstages;

b) im Falle von Credit Default Swaps und Zinsswaps, die nach dem 28. Februar 2014 geschlossen werden, bis zum Ende des auf das Datum der Ausführung des OTC-Derivatekontrakts folgenden Geschäftstages;

c) im Falle von Aktienswaps, Devisenswaps, Rohstoffswaps und allen anderen, unter Buchstabe a nicht vorgesehenen Derivatekontrakten, die bis einschließlich 31. August 2013 geschlossen werden, bis zum Ende des dritten auf das Datum der Ausführung des Derivatekontrakts folgenden Geschäftstages,

d) im Falle von Aktienswaps, Devisenswaps, Rohstoffswaps und allen anderen, unter Buchstabe a nicht vorgesehenen Derivatekontrakten, die nach dem 31. August 2013 bis einschließlich 31. August 2014 geschlossen werden, bis zum Ende des zweiten auf das Datum der Ausführung des Derivatekontrakts folgenden Geschäftstages;

---

[1] ABl. L 243 vom 11.9.2002, S. 1.

e) im Falle von Aktienswaps, Devisenswaps, Rohstoffswaps und allen anderen, unter Buchstabe a nicht vorgesehenen Derivatekontrakten, die nach dem 31. August 2014 geschlossen werden, bis zum Ende des auf das Datum der Ausführung des Derivatekontrakts folgenden Geschäftstages.

(2) Ein OTC-Derivatekontrakt mit einer nichtfinanziellen Gegenpartei, die keine nichtfinanzielle Gegenpartei im Sinne des Artikels 10 der Verordnung (EU) Nr. 648/2012 ist, wird — soweit verfügbar auf elektronischem Wege — so früh wie möglich bestätigt, spätestens jedoch

a) im Falle von Credit Default Swaps und Zinsswaps, die bis einschließlich 31. August 2013 geschlossen werden, bis zum Ende des fünften auf das Datum der Ausführung des OTC-Derivatekontrakts folgenden Geschäftstages;

b) im Falle von Credit Default Swaps und Zinsswaps, die nach dem 31. August 2013 bis einschließlich 31. August 2014 geschlossen werden, bis zum Ende des dritten auf das Datum der Ausführung des OTC-Derivatekontrakts folgenden Geschäftstages;

c) im Falle von Credit Default Swaps und Zinsswaps, die nach dem 31. August 2014 geschlossen werden, bis zum Ende des zweiten auf das Datum der Ausführung des OTC-Derivatekontrakts folgenden Geschäftstages;

d) im Falle von Aktienswaps, Devisenswaps, Rohstoffswaps und allen anderen, unter Buchstabe a nicht vorgesehenen Derivatekontrakten, die bis einschließlich 31. August 2013 geschlossen werden, bis zum Ende des siebten auf das Datum der Ausführung des Derivatekontrakts folgenden Geschäftstages,

e) im Falle von Aktienswaps, Devisenswaps, Rohstoffswaps und allen anderen, unter Buchstabe a nicht vorgesehenen Derivatekontrakten, die nach dem 31. August 2013 bis einschließlich 31. August 2014 geschlossen werden, bis zum Ende des vierten auf das Datum der Ausführung des Derivatekontrakts folgenden Geschäftstages;

f) im Falle von Aktienswaps, Devisenswaps, Rohstoffswaps und allen anderen, unter Buchstabe a nicht vorgesehenen Derivatekontrakten, die nach dem 31. August 2014 geschlossen werden, bis zum Ende des zweiten auf das Datum der Ausführung folgenden Geschäftstages.

(3) Wird eine Transaktion im Sinne der Absätze 1 oder 2 nach 16.00 Uhr Ortzeit oder mit einer Gegenpartei in einer anderen Zeitzone geschlossen, so dass die Bestätigung innerhalb der festgelegten Fristen nicht möglich ist, erfolgt die Bestätigung so früh wie möglich, spätestens jedoch einen Geschäftstag nach dem in den Absätzen 1 bzw. 2 festgelegten Termin.

(4) Finanzielle Gegenparteien verfügen über die nötigen Verfahren, um der gemäß Artikel 48 der Richtlinie 2004/39/EG des Europäischen Parlaments und des Rates [1] benannten zuständigen Behörde monatlich die Zahl der unbestätigten Transaktionen mit OTC-Derivaten im Sinne der Absätze 1 und 2 zu melden, die seit über fünf Geschäftstagen ausstehen.

Artikel 13

(Artikel 11 Absatz 14 Buchstabe a der Verordnung (EU) Nr. 648/2012)

Portfolioabgleich

(1) Finanzielle und nichtfinanzielle Gegenparteien eines OTC-Derivatekontrakts vereinbaren mit jeder ihrer Gegenparteien schriftlich oder auf gleichwertigem elektronischem Wege die Modalitäten, nach denen Portfolios abgeglichen werden. Diese Vereinbarung wird getroffen, bevor der OTC-Derivatekontrakt geschlossen wird.

(2) Der Portfolioabgleich wird von den Gegenparteien des OTC-Derivatekontrakts gegenseitig oder durch einen qualifizierten Dritten durchgeführt, der hierzu von einer Gegenpartei entsprechend ermächtigt wurde. Der Portfolioabgleich erstreckt sich auf die zentralen Bedingungen, die für den einzelnen OTC-Derivatekontrakt kennzeichnend sind, und umfasst mindestens die gemäß Artikel 11 Absatz 2 der Verordnung (EU) Nr. 648/2012 ermittelte Bewertung jedes einzelnen Kontrakts.

(3) Um etwaige Diskrepanzen bei wesentlichen Bedingungen des OTC-Derivatekontrakts, einschließlich seiner Bewertung, frühzeitig zu erkennen, erfolgt der Portfolioabgleich

a) im Falle einer finanziellen Gegenpartei oder einer nichtfinanziellen Gegenpartei im Sinne des Artikels 10 der Verordnung (EU) Nr. 648/2012

   i) an jedem Geschäftstag, wenn zwischen den Gegenparteien 500 oder mehr OTC-Derivatekontrakte ausstehen;

   ii) einmal pro Woche, wenn zwischen den Gegenparteien zu irgendeinem Zeitpunkt während der Woche zwischen 51 und 499 OTC-Derivatekontrakte ausstehen;

   iii) einmal pro Quartal, wenn zwischen den Gegenparteien zu irgendeinem Zeitpunkt während des Quartals 50 oder weniger OTC-Derivatekontrakte ausstehen;

[1] ABl. L 145 vom 30.4.2004, S. 1.

b) im Falle einer nichtfinanziellen Gegenpartei, die keine nichtfinanzielle Gegenpartei im Sinne des Artikels 10 der Verordnung (EU) Nr. 648/2012 ist:

i) einmal pro Quartal, wenn zwischen den Gegenparteien zu irgendeinem Zeitpunkt während des Quartals mehr als 100 OTC-Derivatekontrakte ausstehen;

ii) einmal pro Jahr, wenn zwischen den Gegenparteien 100 oder weniger OTC-Derivatekontrakte ausstehen.

Artikel 14

(Artikel 11 Absatz 14 Buchstabe a der Verordnung (EU) Nr. 648/2012)

Portfoliokomprimierung

Finanzielle Gegenparteien und nichtfinanzielle Gegenparteien mit 500 oder mehr gegenüber einer Gegenpartei ausstehenden OTC-Derivatekontrakten, die nicht zentral gecleart werden, verfügen über Verfahren, um regelmäßig und mindestens zweimal pro Jahr zu prüfen, ob zur Verringerung ihres Gegenparteiausfallrisikos eine Portfoliokomprimierung durchgeführt werden kann, und um eine solche Portfoliokomprimierung durchzuführen.

Finanzielle Gegenparteien und nichtfinanzielle Gegenparteien stellen sicher, dass sie der zuständigen Behörde eine hinreichende und stichhaltige Begründung liefern können, wenn sie zu dem Schluss gelangen, dass eine Portfoliokomprimierung nicht angemessen ist.

Artikel 15

(Artikel 11 Absatz 14 Buchstabe a der Verordnung (EU) Nr. 648/2012)

Streitbeilegung

(1) Wenn finanzielle und nichtfinanzielle Gegenparteien OTC-Derivatekontrakte miteinander schließen, vereinbaren sie zuvor detaillierte Verfahren und Prozesse in Bezug auf

a) die Feststellung, Aufzeichnung und Überwachung von Streitigkeiten im Zusammenhang mit der Anerkennung oder Bewertung des Kontrakts und dem Austausch von Sicherheiten zwischen den Gegenparteien. Bei diesen Verfahren werden mindestens der Zeitraum, über den die Streitigkeit besteht, die Gegenpartei und der strittige Betrag aufgezeichnet;

b) die zügige Beilegung von Streitigkeiten mit einem speziellen Prozess für Streitigkeiten, die nicht innerhalb von fünf Geschäftstagen beigelegt werden.

(2) Finanzielle Gegenparteien melden der gemäß Artikel 48 der Richtlinie 2004/39/EG benannten zuständigen Behörde alle einen OTC-Derivatekontrakt, dessen Bewertung oder den Austausch von Sicherheiten betreffende Streitigkeiten in Höhe beziehungsweise im Wert von über 15 Mio. EUR, die seit mindestens 15 Geschäftstagen bestehen.

Artikel 16

(Artikel 11 Absatz 14 Buchstabe b der Verordnung (EU) Nr. 648/2012)

Marktbedingungen, die eine Bewertung zu Marktpreisen verhindern

(1) Marktbedingungen, die die Bewertung eines OTC-Derivatekontrakts zu Marktpreisen verhindern, gelten als gegeben, wenn eine der folgenden Situationen vorliegt:

a) der Markt ist inaktiv;

b) die Bandbreite der plausiblen Zeitwertschätzungen ist signifikant und die Wahrscheinlichkeiten der verschiedenen Schätzungen können nicht hinreichend bewertet werden.

(2) Ein Markt für einen OTC-Derivatekontrakt wird als inaktiv angesehen, wenn die notierten Preise nicht ohne weiteres und regelmäßig verfügbar sind und die verfügbaren Preise keine tatsächlich und regelmäßig unter marktüblichen Bedingungen stattfindenden Markttransaktionen repräsentieren.

Artikel 17

(Artikel 11 Absatz 14 Buchstabe b der Verordnung (EU) Nr. 648/2012)

Kriterien für eine Bewertung nach Modellpreisen

Für die Bewertung nach Modellpreisen verfügen finanzielle und nichtfinanzielle Gegenparteien über ein Modell, das

a) alle Faktoren einbezieht, die die Gegenparteien bei der Festlegung eines Preises berücksichtigen würden, einschließlich einer größtmöglichen Nutzung von Marktbewertungsinformationen;

b) mit anerkannten ökonomischen Verfahrensweisen für die Bepreisung von Finanzinstrumenten übereinstimmt;

c) anhand der Preise von beobachtbaren aktuellen Markttransaktionen mit demselben Finanzinstrument kalibriert und auf seine Validität geprüft wurde oder sich auf verfügbare beobachtbare Marktdaten stützt;

d) von einer anderen Einheit validiert und unabhängig überwacht wird als der Einheit, die das Risiko übernimmt;

e) ordnungsgemäß dokumentiert und vom Leitungsorgan genehmigt wird, und zwar so häufig wie nötig, im Anschluss an wesentliche Änderungen und mindestens einmal pro Jahr. Diese Genehmigung kann an einen Ausschuss delegiert werden.

Artikel 18

(Artikel 11 Absatz 14 Buchstabe c der Verordnung (EU) Nr. 648/2012)

Angaben zu gruppeninternen Geschäften in der Benachrichtigung der zuständigen Behörde

(1) Der Antrag oder die Mitteilung an die zuständige Behörde mit den Einzelheiten des gruppeninternen Geschäfts erfolgen schriftlich und enthalten folgende Angaben:

a) rechtmäßige Gegenparteien der Transaktionen unter Angabe ihrer Kennziffern gemäß Artikel 3 der Durchführungsverordnung (EU) Nr. 1247/2012;

b) Unternehmensbeziehung zwischen den Gegenparteien;

c) Einzelheiten der zugrunde liegenden Vertragsbeziehungen zwischen den Parteien;

d) Kategorie des gruppeninternen Geschäfts gemäß Artikel 3 Absatz 1 und Absatz 2 Buchstaben a bis d der Verordnung (EU) Nr. 648/2012;

e) Einzelheiten der Geschäfte, für die die Gegenpartei die Freistellung beantragt, einschließlich

i) Vermögenswertkategorie der OTC-Derivatekontrakte;

ii) Art der OTC-Derivatekontrakte;

iii) Art der Basiswerte;

iv) Nenn- und Abwicklungswährungen;

v) Bandbreite der vereinbarten Kontraktdauern („contract tenors“);

vi) Abwicklungsart;

vii) pro Jahr erwarteter Umfang, erwartete Volumen und erwartete Frequenz der OTC-Derivatekontrakte.

(2) Im Rahmen ihres Antrags bzw. der Benachrichtigung der zuständigen Behörde übermittelt eine Gegenpartei außerdem zusätzliche Informationen, die belegen, dass die Bedingungen des Artikels 11 Absätze 6 bis 10 der Verordnung (EU) Nr. 648/2012 erfüllt sind. Diese Belege umfassen Kopien der dokumentierten Risikomanagementverfahren, historische Transaktionsdaten und Kopien der entsprechenden Kontrakte zwischen den Parteien und können auf Verlangen der zuständigen Behörde auch ein Rechtsgutachten beinhalten.

Artikel 19

(Artikel 11 Absatz 14 Buchstabe d der Verordnung (EU) Nr. 648/2012)

Angaben zu gruppeninternen Geschäften in der Mitteilung an die ESMA

(1) Die Mitteilung einer zuständigen Behörde über die Einzelheiten des gruppeninternen Geschäfts wird der ESMA schriftlich übermittelt

a) im Falle einer Benachrichtigung nach Artikel 11 Absatz 7 oder Artikel 11 Absatz 9 der Verordnung (EU) Nr. 648/2012 innerhalb eines Monats nach Erhalt der Benachrichtigung;

b) im Falle einer Entscheidung der zuständigen Behörde gemäß Artikel 11 Absätze 6, 8 oder 10 der Verordnung (EU) Nr. 648/2012 innerhalb eines Monats nach Übermittlung der Entscheidung an die Gegenpartei.

(2) Die Miteilung an die ESMA enthält

a) die in Artikel 18 aufgeführten Angaben;

b) die Angabe, ob eine positive oder eine abschlägige Entscheidung getroffen wurde;

c) im Falle einer positiven Entscheidung:

i) eine Zusammenfassung der Gründe, warum die Bedingungen des Artikels 11 Absätze 6, 7, 8, 9 bzw. 10 der Verordnung (EU) Nr. 648/2012 als erfüllt angesehen werden;

ii) bei Mitteilungen im Zusammenhang mit Artikel 11 Absätze 6, 8 oder 10 der Verordnung (EU) Nr. 648/2012 Angabe, ob die Befreiung ganz oder teilweise gewährt wird.

d) im Falle einer abschlägigen Entscheidung:

i) Angabe der Bedingungen des Artikels 11 Absätze 6, 7, 8, 9 bzw. 10 der Verordnung (EU) Nr. 648/2012, die nicht erfüllt sind;

ii) Zusammenfassung der Gründe, warum diese Bedingungen als nicht erfüllt angesehen werden.

Artikel 20

(Artikel 11 Absatz 14 Buchstabe d der Verordnung (EU) Nr. 648/2012)

Zu veröffentlichende Informationen über die Befreiung gruppeninterner Geschäfte

Die zu veröffentlichenden Informationen über die Befreiung gruppeninterner Geschäfte umfassen folgende Angaben:

a) rechtmäßige Gegenparteien der Transaktionen unter Angabe ihrer Kennziffern gemäß Artikel 3 der Durchführungsverordnung (EU) Nr. 1247/2012;

b) Beziehung zwischen den Gegenparteien;

c) Angabe, ob gruppeninterne Geschäfte ganz oder teilweise befreit werden;

d) Gesamtnennbetrag der OTC-Derivatekontrakte, für die die Befreiung gruppeninterner Geschäfte gilt.

Artikel 21

Inkrafttreten und Geltungsbeginn

Diese Verordnung tritt am zwanzigsten Tag nach ihrer Veröffentlichung im *Amtsblatt der Europäischen Union* in Kraft.

Die Artikel 13, 14 und 15 werden sechs Monate nach Inkrafttreten dieser Verordnung wirksam.

Diese Verordnung ist in allen ihren Teilen verbindlich und gilt unmittelbar in jedem Mitgliedstaat.

Geschehen zu Brüssel am 19. Dezember 2012.

Für die Kommission
Der Präsident
José Manuel BARROSO